Denke frei: Strategien gegen Zwangsgedanken

LORIS R.

WIDMUNG

Dieses Buch widme ich allen Menschen, welche unter Zwangsgedanken leiden. Ich hoffe du kannst aus diesem Buch für dich den größten positiven Mehrwert ziehen. Gib niemals auf!

INHALT

DANKSAGUNG

An dieser Stelle möchte ich mich bei DIR bedanken lieber Leser! Vielen Dank für die Unterstützung!

EINFÜHRUNG IN DAS THEMA ZWANGSGEDANKEN

Willkommen bei "Denke frei: Strategien gegen Zwangsgedanken". In diesem Kapitel werden wir uns mit dem Thema Zwangsgedanken auseinandersetzen und Ihnen eine Einführung in die Bedeutung und die Auswirkungen dieser Art von Gedanken geben.

Zwangsgedanken sind ungewollte und wiederkehrende Gedanken, die auf eine unangenehme oder belastende Weise besessen machen können und schwer loszulassen sind. Diese Art von Gedanken kann viele verschiedene Formen annehmen, von Ängsten vor Krankheiten oder Unfällen bis hin zu Obsessionen mit Reinlichkeit oder Ordnung. Zwangsgedanken können sich in Verhaltensmuster manifestieren, wie z.B. ständiges Überprüfen von Türen oder Lichtschaltern, was die Lebensqualität stark beeinträchtigen kann.

Es ist wichtig zu beachten, dass Zwangsgedanken ein sehr weit verbreitetes Problem sind und dass viele Menschen darunter leiden. Etwa 1 bis 2 % der Bevölkerung sind von Zwangsstörungen betroffen, aber es kann noch viele weitere Menschen geben, die unter milderen Formen von Zwangsgedanken leiden, ohne es selber zu wissen.

Die Auswirkungen von Zwangsgedanken auf das tägliche Leben können sehr belastend sein. Sie können zu Angst, Stress, Depression und sogar zu sozialer Isolation führen. Es kann schwierig sein, mit Freunden und Familie zu kommunizieren, wenn man ständig von ungewollten Gedanken abgelenkt wird.

Zum Glück gibt es jedoch Möglichkeiten, Zwangsgedanken zu überwinden und ein erfüllteres Leben zu führen. Dieses Buch bietet praktische Strategien und Übungen, um negative Gedankenmuster zu erkennen und zu unterbrechen, Konstruktive Kognition zu entwickeln, Selbstakzeptanz und Selbstwertgefühl zu stärken und langfristige Veränderungen zu erreichen.

Ich hoffe, dass Sie durch die Lektüre dieses Buches ermutigt werden, Ihre Zwangsgedanken zu überwinden und ein glücklicheres, erfüllteres Leben zu führen. Lassen Sie uns jetzt weitergehen und tiefer in das Thema eintauchen, um ein besseres Verständnis für Zwangsgedanken und die Möglichkeiten zu ihrer Überwindung zu erlangen.

Eine der ersten Schritte bei der Überwindung von **Zwangsgedanken** besteht darin, sie **als das zu erkennen, was sie sind**: ungewollte und unwichtige Gedanken, die keine Bedeutung haben und nicht wahr werden müssen. Es kann hilfreich sein, eine Distanz zu diesen Gedanken aufzubauen und sie nicht als Teil der eigenen Identität zu betrachten.

Eine weitere wichtige Strategie besteht darin, das **Verhalten in Bezug auf Zwangsgedanken zu ändern**. Statt den Gedanken nachzugeben und sich in ihnen zu verstricken, kann es hilfreich sein, sie zu ignorieren oder abzulenken. Es kann auch hilfreich sein, sich auf positive Aktivitäten wie Sport, Musik oder kreatives Schreiben zu konzentrieren, um den Fokus von den unangenehmen Gedanken abzulenken.

Eine weitere wichtige Strategie besteht darin, die **eigene Wahrnehmung und Kognition zu verändern**. Dies kann durch die Durchführung von Übungen zur positiven Selbstrede, zur Visualisierung und zur Affirmation erreicht werden. Diese Übungen können helfen, negative Gedankenmuster zu unterbrechen und den Fokus auf positive Aspekte des Lebens zu richten.

Es kann auch hilfreich sein, **professionelle Hilfe** in Anspruch zu nehmen, wie z.B. eine Psychotherapie oder eine kognitive Verhaltenstherapie. Diese Therapien können helfen, die Ursachen von Zwangsgedanken zu erforschen und an ihnen zu arbeiten.

WAS SIND ZWANGSGEDANKEN UND WIE WIRKEN SIE?

Zwangsgedanken, auch bekannt als Obsessionen, sind unwillkürliche und unerwünschte Gedanken, die sich immer wieder in Ihrem Kopf wiederholen. Diese Gedanken können Angst, Scham oder Stress verursachen und beeinträchtigen Ihr tägliches Leben erheblich.

Zwangsgedanken können über ein breites Spektrum reichen, von Ängsten vor Krankheiten oder Unfällen bis hin zu Ängsten vor moralischen Verfehlungen oder perversen Fantasien. Einige Menschen mit Zwangsgedanken können sich auch gezwungen fühlen, bestimmte Handlungen immer wieder zu wiederholen, um ihre Ängste zu beruhigen, dies wird als Zwangshandlungen bezeichnet.

Die Ursachen von Zwangsgedanken sind nicht vollständig verstanden, aber es wird angenommen, dass es eine Kombination aus biologischen, psychologischen und Umweltfaktoren sein kann. Einige Menschen haben eine genetische Veranlagung für Angststörungen, andere haben möglicherweise eine Verletzung oder ein Trauma erlebt, das zu Zwangsgedanken geführt hat. Stress und Anspannung können auch dazu beitragen, dass Zwangsgedanken auftreten können.

Zwangsgedanken können das tägliche Leben beeinträchtigen, indem sie Ihre Fähigkeit beeinträchtigen, Dinge zu genießen oder sich auf Ihre Arbeit oder Beziehungen zu konzentrieren. Sie können auch zu Angstzuständen und Depressionen führen.

Glücklicherweise gibt es Behandlungen, die helfen können, Zwangsgedanken zu verringern oder zu beseitigen. Die häufigste Behandlung ist die kognitive Verhaltenstherapie (CBT), die darauf abzielt, den Umgang mit den Zwangsgedanken und den Ängsten, die sie auslösen, zu ändern. Antidepressiva und Angstlösungsmittel können auch hilfreich sein.

Es ist wichtig zu beachten, dass es keine "eine Größe passt für alle" -Lösung für Zwangsgedanken gibt. Jeder Mensch ist einzigartig und es kann mehrere Versuche brauchen, um die richtige Behandlung zu finden. Es ist auch wichtig, professionelle Hilfe zu suchen, um die bestmögliche Behandlung zu erhalten. Ein Therapeut kann Ihnen helfen, die Ursachen Ihrer Zwangsgedanken zu verstehen und Ihnen Techniken beibringen, um damit umzugehen.

In der Zwischenzeit können einige Selbsthilfemaßnahmen helfen, Zwangsgedanken zu bewältigen. Hier sind einige Tipps:

Vermeiden Sie Vermeidungsverhalten: Es kann verlockend sein, Ihre Ängste zu vermeiden, aber das Vermeiden von Situationen, die Zwangsgedanken auslösen, kann sie nur verschlimmern. Stattdessen sollten

Sie lernen, damit umzugehen, indem Sie sich der Situation aussetzen.

Praktizieren Sie Entspannungstechniken: Dies kann Yoga, Progressive Muskelentspannung oder Atemübungen einschließen. Entspannung kann helfen, Stress und Anspannung zu reduzieren, die zu Zwangsgedanken beitragen können.

Üben Sie distanzierende Techniken: Lernen Sie, eine emotionale Distanz zu Ihren Zwangsgedanken zu halten, anstatt sich von ihnen beherrschen zu lassen. Zum Beispiel können Sie sich vorstellen, wie Sie Ihre Gedanken in eine Wolke legen und sie davonschweben lassen.

Praktizieren Sie die Anerkennung und Annehme: Lernen Sie, Ihre Zwangsgedanken anzunehmen, anstatt diese zu bekämpfen oder zu vermeiden. Versuchen Sie Zwangsgedanken nicht als Ausdruck Ihrer wahren Überzeugungen oder Werte zu sehen.

Zwangsgedanken können ein schwerwiegendes Problem sein, aber es gibt Hoffnung. Mit der richtigen Unterstützung und Behandlung können Sie lernen, damit umzugehen und Ihr Leben wieder zu genießen. Es ist wichtig, professionelle Hilfe zu suchen, um die bestmögliche Unterstützung zu erhalten und einen individuellen Behandlungsplan zu entwickeln, der für Sie am besten funktioniert.

DIE AUSWIRKUNGEN VON ZWANGSGEDANKEN AUF DAS TÄGLICHE LEBEN

Zwangsgedanken können eine erhebliche Auswirkung auf das tägliche Leben einer Person haben. Sie können die Fähigkeit beeinträchtigen, sich auf tägliche Aktivitäten und Verpflichtungen zu konzentrieren, sowie die Fähigkeit, Freude an Aktivitäten und Beziehungen zu finden. Hier sind einige der häufigsten Auswirkungen von Zwangsgedanken:

Beeinträchtigung der Arbeit: Zwangsgedanken können es schwierig machen, sich auf die Arbeit zu konzentrieren, was zu Fehlern und einer Beeinträchtigung der Leistung führen kann. Dies kann zu Problemen im Beruf führen und kann auch zu beruflicher Überlastung und Burnout führen.

Beeinträchtigung sozialer Beziehungen: Zwangsgedanken können es schwierig machen, eine tiefe und enge Bindung zu anderen Menschen aufzubauen und aufrechtzuerhalten. Menschen mit Zwangsgedanken können sich schuldig und beschämt fühlen, was dazu führen kann, dass sie sich von anderen Menschen zurückziehen.

Beeinträchtigung der körperlichen Gesundheit: Zwangsgedanken können zu Angstzuständen und Depressionen führen, was wiederum zu körperlichen Symptomen wie Kopfschmerzen, Schlafstörungen und anderen gesundheitlichen Problemen führen kann.

Beeinträchtigung des täglichen Funktionsniveaus: Zwangsgedanken können es schwierig machen, einfache Aufgaben des täglichen Lebens zu erledigen, wie zum Beispiel Einkäufe zu erledigen, ein Auto zu fahren oder alleine auszugehen.

Beeinträchtigung der Freude am Leben: Zwangsgedanken können es schwierig machen, Freude an Aktivitäten und Beziehungen zu finden, was zu einer Abnahme des allgemeinen Wohlbefindens und einer Verringerung der Lebensqualität führen kann.

Es ist wichtig zu beachten, dass Zwangsgedanken und ihre Auswirkungen von Person zu Person unterschiedlich sein können. Einige Menschen können in der Lage sein, mit ihren Zwangsgedanken gut umzugehen und sie nicht beeinträchtigen ihr tägliches Leben stark, während andere von ihnen stark beeinträchtigt werden können.

Um die Auswirkungen von Zwangsgedanken zu verringern, ist es wichtig, sich frühzeitig behandeln zu lassen. Eine effektive Behandlung kann helfen, die Intensität und Häufigkeit der Zwangsgedanken zu verringern, was zu einer

Verbesserung des täglichen Funktionsniveaus und einer Erhöhung des allgemeinen Wohlbefindens führen kann.

Eine häufig verwendete Behandlung für Zwangsgedanken ist kognitive Verhaltenstherapie (CBT). Diese Therapie hilft den Betroffenen, ihre Gedanken und Verhaltensmuster zu erkennen und zu verändern, um eine Verringerung der Zwangsgedanken und eine Verbesserung des täglichen Funktionsniveaus zu erreichen.

Es ist auch wichtig, dass Menschen mit Zwangsgedanken ihr Selbstmanagement verbessern, indem sie Stressabbau-Techniken wie Progressive Muskelentspannung und Meditation praktizieren. Eine gesunde Ernährung und regelmäßiger körperlicher Bewegung können auch helfen, Stress abzubauen und das Wohlbefinden zu verbessern.

In manchen Fällen kann auch eine medikamentöse Behandlung in Kombination mit der Therapie hilfreich sein. Es ist jedoch wichtig zu beachten, dass Medikamente nicht für alle Menschen mit Zwangsgedanken geeignet sind und in Absprache mit einem Arzt oder einem Psychiater verwendet werden sollten.

Es ist wichtig, dass Menschen mit Zwangsgedanken sich nicht schuldig oder beschämt fühlen. Es ist eine behandelbare Bedingung und es gibt viele Ressourcen und Unterstützungssysteme verfügbar, um zu helfen. Indem man sich über Zwangsgedanken und ihre Auswirkungen informiert, kann man den ersten Schritt zu einer Besserung machen.

Zusammenfassend können Zwangsgedanken eine erhebliche Auswirkung auf das tägliche Leben einer Person haben. Es ist wichtig, frühzeitig behandeln zu lassen und das Selbstmanagement zu verbessern, um eine

Verringerung der Zwangsgedanken und eine Verbesserung zu erreichen.

URSACHEN VON ZWANGSGEDANKEN

Zwangsgedanken sind unerwünschte, repetitive Gedanken, die oft als bedrohlich oder belastend empfunden werden. Sie können ein Indikator für Zwangsstörungen sein, eine Form von Angststörungen, die den Alltag betroffener Personen erheblich beeinträchtigen kann. Obwohl es keine eindeutige Ursache für Zwangsgedanken gibt, gibt es einige Faktoren, die eine Rolle bei ihrer Entstehung spielen können.

Biologische Faktoren: Studien haben gezeigt, dass Veränderungen im Gehirn bei Menschen mit Zwangsstörungen vorliegen können. Diese Veränderungen können in bestimmten Bereichen des Gehirns, wie dem basalen Ganglien- und dem Orbitofrontalkortex, lokalisiert werden. Darüber hinaus gibt es eine genetische Komponente bei Zwangsstörungen, da sie oft in Familien vererbt werden.

Umweltfaktoren: Stress, Trauma und andere belastende Lebensereignisse können dazu beitragen, dass jemand Zwangsgedanken entwickelt. Auch ein ungünstiger Umgang mit Problemen oder Konflikten in der Kindheit oder im Erwachsenenalter kann dazu beitragen.

Kognitiv-verhaltenstherapeutische Faktoren: Menschen mit Zwangsstörungen neigen oft dazu, bestimmte kognitiv-verhaltenstherapeutische Muster zu entwickeln, wie zum Beispiel Übergeneralisierungen, katastrophale Interpretationen und Vermeidungsverhalten. Diese Muster können die Entstehung und Aufrechterhaltung von Zwangsgedanken fördern.

Persönlichkeitsfaktoren: Einige Persönlichkeitsmerkmale, wie Perfektionismus, hohe Selbstkritik und hoher Anspruchsgrad an sich selbst, können das Risiko für die Entstehung von Zwangsgedanken erhöhen.

Es ist wichtig zu beachten, dass es bei jedem Individuum eine einzigartige Kombination aus diesen Faktoren geben kann, die zur Entstehung von Zwangsgedanken beitragen. Es ist auch möglich, dass ein bestimmter Faktor bei einer Person eine größere Rolle spielt als bei einer anderen. Daher ist es wichtig, eine individuelle Behandlungsstrategie zu entwickeln, die auf die spezifischen Bedürfnisse und Ursachen jeder Person direkt abgestimmt ist.

Es gibt auch eine Verbindung zwischen Zwangsgedanken und anderen psychischen Störungen, wie Depressionen, Angststörungen und Essstörungen. Daher ist es wichtig, eine umfassende Diagnostik durchzuführen, um mögliche Zusammenhänge und Behandlungsmöglichkeiten zu erkennen.

Zusammenfassend kann man sagen, dass es eine Vielzahl von Faktoren gibt, die zur Entstehung von Zwangsgedanken beitragen können. Um eine wirksame Behandlung zu ermöglichen, ist es wichtig, die spezifischen Ursachen zu erkennen und zu adressieren. Eine Kombination aus Psychotherapie, Verhaltenstherapie und gegebenenfalls Medikation kann bei der Behandlung von Zwangsstörungen hilfreich sein.

WIE MAN NEGATIVE GEDANKEN ERKENNT UND UNTERBRICHT

Negative Gedanken können eine bedeutende Auswirkung auf das Wohlbefinden und die psychische Gesundheit haben. Es ist wichtig, die Fähigkeit zu entwickeln, diese Gedanken zu erkennen und zu unterbrechen, um ihren Einfluss auf das Leben zu minimieren. In diesem Kapitel werden einige praktische Strategien vorgestellt, die helfen können, negative Gedanken zu erkennen und zu unterbrechen.

Schritt 1: Gedanken bewusst wahrnehmen

Um negative Gedanken zu erkennen, ist es wichtig, ein gewisses Bewusstsein für die eigenen Gedanken zu entwickeln. Dies kann erreicht werden, indem man sich Zeit nimmt, um bewusst auf die eigenen Gedanken zu achten. Dies kann einfach sein, indem man sich beispielsweise jeden Abend ein paar Minuten Zeit nimmt, um sich hinzusetzen und die Gedanken, die während des Tages aufgetaucht sind, zu notieren.

Schritt 2: Unterscheidung zwischen objektiven und subjektiven Gedanken

Es ist wichtig zu unterscheiden zwischen objektiven und subjektiven Gedanken. Objektive Gedanken sind Fakten, die leicht bewiesen werden können, während subjektive Gedanken eher als Meinungen oder Überzeugungen betrachtet werden können, die auf eigene Erfahrungen oder Überzeugungen basieren. Negative Gedanken sind oft subjektive Gedanken, die oft durch Übertreibung, Verzerrung oder Verallgemeinerung gekennzeichnet sind.

Schritt 3: Überprüfung der negativen Gedanken

Nachdem negative Gedanken erkannt wurden, ist es wichtig, sie auf ihre Überzeugungskraft zu überprüfen. Dies kann erreicht werden, indem man Fragen stellt wie: "Ist diese Überzeugung wirklich wahr?" oder "Kann ich Beweise dafür finden, dass diese Überzeugung falsch ist?" Dies kann helfen, die Überzeugungskraft von negativen Gedanken zu schwächen und sie als Überzeugungen zu erkennen, die verändert werden können.

Schritt 4: Alternative Perspektiven entwickeln

Eine effektive Strategie, um negative Gedanken zu unterbrechen, ist die Entwicklung alternative Perspektiven. Dies kann durch das Überlegen anderer Möglichkeiten, die Situation zu betrachten, oder durch das Überlegen, wie eine andere Person die Situation sehen würde, erreicht werden. Dies kann helfen, die Negativität der Gedanken zu verringern und eine positivere Sichtweise zu entwickeln.

Schritt 5: Positive Selbstgespräche führen

Eine weitere Möglichkeit, negative Gedanken zu unterbrechen, besteht darin, positive Selbstgespräche zu führen. Dies kann erreicht werden, indem man sich selbst ermutigende oder motivierende Aussagen sagt oder indem man sich bewusst auf die eigenen Stärken und Fähigkeiten konzentriert. Dies kann helfen, das Selbstbewusstsein zu stärken und eine positivere Einstellung zu entwickeln.

Schritt 6: Übung macht den Meister

Wie bei jeder Fähigkeit, erfordert auch die Fähigkeit, negative Gedanken zu erkennen und zu unterbrechen, Übung. Es ist wichtig, täglich Zeit und Energie in die Anwendung dieser Strategien zu investieren, um Fortschritte zu erzielen und die Fähigkeit zu verbessern, negative Gedanken zu erkennen und zu unterbrechen.

Zusammenfassend kann gesagt werden, dass die Fähigkeit, negative Gedanken zu erkennen und zu unterbrechen, eine wichtige Rolle bei der Verbesserung des Wohlbefindens und der psychischen Gesundheit spielt. Durch die Anwendung praktischer Strategien wie bewusste Wahrnehmung, Unterscheidung zwischen objektiven und subjektiven Gedanken, Überprüfung negativer Gedanken, Entwicklung alternative Perspektiven, Führung positiver Selbstgespräche und Übung kann man lernen, negative Gedanken erfolgreich zu erkennen und zu unterbrechen.

PRAKTISCHE ÜBUNGEN ZUR ENTSPANNUNG UND STRESSBEWÄLTIGUNG

Stress und Anspannung können eine große Belastung für die psychische Gesundheit sein. Um Stress und Anspannung zu bewältigen, gibt es viele praktische Übungen, die helfen können. Diese Übungen sind einfach durchzuführen und können zu jeder Zeit und an jedem Ort ausgeführt werden. In diesem Kapitel werden einige praktische Übungen vorgestellt, die helfen können, Stress und Anspannung zu reduzieren.

Progressive Muskelentspannung (PMR)
Die Progressive Muskelentspannung ist eine einfache und effektive Methode zur Stressreduktion. Die Übung besteht darin, bestimmte Muskelgruppen für eine kurze Zeit anzuspannen und dann wieder zu entspannen. Dies kann helfen, den Körper zu entspannen und Stress abzubauen.

Atemübungen

Atemübungen können eine wirksame Methode zur Stressreduktion sein. Eine einfache Atemübung besteht darin, tief durchzuatmen und langsam auszuatmen, wobei man sich auf den Atem konzentriert. Dies kann helfen, den Körper zu entspannen und Stress abzubauen.

Yoga oder Meditation

Yoga oder Meditation können eine wirksame Methode zur Stressreduktion sein. Durch Yoga oder Meditation wird der Körper entspannt und Stress abgebaut. Es gibt viele verschiedene Arten von Yoga- oder Meditationsübungen, die für Anfänger und Fortgeschrittene geeignet sind.

Positive Affirmationen

Positive Affirmationen sind kurze, positive Aussagen, die dazu verwendet werden können, Stress und Anspannung zu reduzieren. Positive Affirmationen können helfen, negative Gedanken zu unterbrechen und das Selbstbewusstsein zu stärken.

Spazieren gehen oder Sport treiben

Spazieren gehen oder Sport treiben können eine wirksame Methode zur Stressreduktion sein. Durch Bewegung wird Endorphin freigesetzt, was helfen kann, Stress und Anspannung abzubauen.

Es ist wichtig zu beachten, dass jeder Mensch unterschiedlich auf Entspannungsübungen reagieren kann. Es ist wichtig, verschiedene Übungen auszuprobieren und diejenigen zu finden, die am besten wirken. Es ist auch wichtig, regelmäßig Entspannungsübungen durchzuführen, um den besten Effekt zu erzielen. Außerdem ist es hilfreich, einen günstigen Zeitpunkt für die Durchführung der Übungen zu finden, zum Beispiel vor dem Schlafengehen oder während einer Pause am Arbeitsplatz.

Es ist auch wichtig, sich Zeit für sich selbst zu nehmen und regelmäßig Entspannungsübungen durchzuführen. Eine regelmäßige Übungspraxis kann helfen, Stress und Anspannung auf lange Sicht zu reduzieren und die psychische Gesundheit zu verbessern.

In Zusammenfassung bieten praktische Übungen wie Progressive Muskelentspannung, Atemübungen, Yoga oder Meditation, Positive Affirmationen, Spazieren gehen oder Sport treiben eine Vielzahl von Möglichkeiten, um Stress und Anspannung zu reduzieren und die psychische Gesundheit zu verbessern. Es ist wichtig, regelmäßig und ausdauernd zu üben, um den besten Effekt zu erzielen.

MEDITATION UND ACHTSAMKEIT ALS WERKZEUGE GEGEN ZWANGSGEDANKEN

Zwangsgedanken können belastend sein und einen erheblichen Einfluss auf das tägliche Leben haben. Eine Möglichkeit, um mit diesen Gedanken umzugehen, ist die Verwendung von Meditation und Achtsamkeit.

Meditation kann helfen, das Bewusstsein zu schärfen und den Fokus auf den gegenwärtigen Moment zu lenken, anstatt sich in den Zwangsgedanken zu verlieren. Durch regelmäßige Praxis kann die Fähigkeit gestärkt werden, Zwangsgedanken bewusst wahrzunehmen und sie loszulassen, anstatt ihnen nachzugeben.

Achtsamkeit hilft dabei, sich bewusst auf die aktuelle Erfahrung zu konzentrieren, ohne sie zu bewerten oder zu beurteilen. Es geht darum, bewusst wahrzunehmen, was im Moment geschieht, anstatt sich in Gedanken zu verlieren. Durch die regelmäßige Übung von Achtsamkeit kann ein tieferes

Verständnis für den eigenen Geist und dessen Muster entstehen, was es erleichtern kann, Zwangsgedanken zu erkennen und loszulassen.

Eine einfache Methode, um mit Zwangsgedanken umzugehen, ist die Verwendung von Atemübungen. Dabei wird sich bewusst auf den Atem konzentriert und jeder Gedanke, der auftaucht, beobachtet, aber nicht verfolgt. Mit der Zeit kann die Fähigkeit gestärkt werden, Zwangsgedanken loszulassen und sich auf den gegenwärtigen Moment zu konzentrieren.

Es ist wichtig zu beachten, dass Meditation und Achtsamkeit keine schnellen Lösungen sind und es Zeit braucht, um die vollen Vorteile zu erleben. Es ist jedoch eine nachhaltige Praxis, die dazu beitragen kann, das Bewusstsein zu erhöhen und Zwangsgedanken zu reduzieren.

Es ist auch wichtig, professionelle Hilfe in Anspruch zu nehmen, wenn Zwangsgedanken belastend sind. Ein Therapeut kann helfen, die Ursachen der Zwangsgedanken zu erkennen und effektive Behandlungsmethoden zu entwickeln.

Zusammenfassend kann gesagt werden, dass Meditation und Achtsamkeit wertvolle Werkzeuge sein können, um Zwangsgedanken zu bewältigen. Sie können dabei helfen, das Bewusstsein zu erhöhen, den Fokus auf den gegenwärtigen Moment zu lenken und Zwangsgedanken loszulassen. Es ist jedoch wichtig zu beachten, dass es Zeit braucht, um die vollen Vorteile zu erleben und dass es auch wichtig sein kann, professionelle Hilfe in Anspruch zu nehmen. Eine Kombination aus Meditation, Achtsamkeit und therapeutischer Unterstützung kann eine wirksame Lösung sein, um Zwangsgedanken zu reduzieren und ein erfüllteres Leben zu führen.

Eine Anleitung für Meditation bei Zwangsgedanken könnte wie folgt aussehen:

Finde einen ruhigen Ort: Suche einen Ort, an dem du ungestört bist und dich entspannen kannst.

Setze dich bequem hin: Wähle eine bequeme Sitzposition, die für dich angenehm ist.

Schließe die Augen: Schließe deine Augen, um dich besser auf deine innere Erfahrung zu konzentrieren.

Konzentriere dich auf deinen Atem: Richte deine Aufmerksamkeit auf deinen Atem und beobachte, wie dein Bauch sich hebt und senkt, wenn du ein- und ausatmest.

Beobachte deine Gedanken: Wenn Zwangsgedanken auftauchen, beobachte sie einfach, ohne sie zu verfolgen oder zu bewerten. Konzentriere dich weiterhin auf deinen Atem.

Lenke dich ab: Wenn deine Gedanken ablenken, kehre einfach zu deinem Atem zurück.

Verlängere die Meditation: Versuche, für ein paar Minuten zu meditieren und verlängere die Zeit allmählich, wenn es dir leicht fällt.

Integriere es in den Alltag: Übe regelmäßig, um die Vorteile zu erleben und integriere Meditation in deinen täglichen Alltag.

Es ist wichtig zu beachten, dass jeder anders auf Meditation reagieren kann und es Zeit braucht, um die vollen Vorteile zu erleben. Es ist jedoch eine wertvolle Praxis, die helfen kann, das Bewusstsein zu erhöhen und Zwangsgedanken zu reduzieren.

KONSTRUKTIVE KOGNITION: WIE MAN NEGATIVE GEDANKEN DURCH POSITIVE ERSETZT

Kognition bezieht sich auf das Denken und die Art und Weise, wie wir die Welt wahrnehmen und verarbeiten. Negative Gedanken können eine erhebliche Auswirkung auf unser emotionales Wohlbefinden haben und dazu führen, dass wir uns überwältigt, deprimiert oder gestresst fühlen.

Konstruktive Kognition ist ein Ansatz, bei dem negative Gedanken durch positive ersetzt werden, um ein gesünderes und ausgeglicheneres emotionales Wohlbefinden zu erreichen. Dieser Ansatz kann besonders hilfreich sein, wenn es um die Bewältigung von Stress, Angst und Depression geht.

Ein erster Schritt bei der Anwendung der konstruktiven Kognition besteht darin, **negative Gedanken zu erkennen und zu beobachten, ohne sie zu bewerten oder zu verurteilen.** Anstatt den negativen Gedanken zu bekämpfen, sollte man sie bewusst wahrnehmen und ihnen Raum geben, ohne sich davon überwältigen zu lassen.

Ein zweiter Schritt besteht darin, **alternative Interpretationen für die Situation zu suchen**. Anstatt sich auf das Negative zu konzentrieren, kann man versuchen, positive Aspekte oder Lösungen zu finden. Hierbei kann es hilfreich sein, sich selbst Fragen zu stellen wie "Was ist auch noch möglich?" oder "Wie kann ich diese Herausforderung als Chance sehen?"

Ein weiterer wichtiger Aspekt der konstruktiven Kognition ist die **Übung von Dankbarkeit und positiven Emotionen**. Indem man sich auf das konzentriert, was man im Leben hat, anstatt darauf, was fehlt, kann man seine Gedanken auf eine positivere Schiene lenken. Hierbei kann es hilfreich sein, täglich Dinge aufzuschreiben, für die man dankbar ist oder positive Erfahrungen zu teilen, um eine positivere Einstellung zu fördern.

Es ist wichtig zu beachten, dass die Anwendung der konstruktiven Kognition Übung und Geduld erfordert. Es kann eine Herausforderung sein, negative Gedanken zu erkennen und zu ändern, aber mit der Zeit kann man lernen, die eigene Denkmuster zu ändern und eine positivere Sichtweise zu entwickeln. Es ist wichtig, sich selbst Geduld und Verständnis zu schenken und nicht zu hart mit sich selbst zu sein, wenn es nicht sofort funktioniert.

Eine weitere Möglichkeit, um negative Gedanken zu ersetzen, ist durch kognitiv-verhaltenstherapeutische Techniken wie das **Reframing**. Dabei werden negative Gedanken durch positive ersetzt, indem man die Bedeutung der Situation ändert. So kann man beispielsweise einen Fehler als Lernmöglichkeit sehen, anstatt ihn als Versagen zu interpretieren.

Eine weitere Technik ist das **Umschreiben negativer Gedanken in positive**. Hierbei kann man beispielsweise den Gedanken "Ich bin nicht gut genug" in "Ich tue mein Bestes und lerne ständig dazu." umwandeln.

In Kombination mit einer positiven Selbstrede und dem Vermeiden negativer Selbstgespräche kann die Anwendung der konstruktiven Kognition dazu beitragen, ein gesünderes emotionales Wohlbefinden zu erreichen.

Zusammenfassend kann man sagen, dass konstruktive Kognition ein wichtiger Ansatz ist, um negative Gedanken durch positive zu ersetzen und ein gesünderes emotionales Wohlbefinden zu erreichen. Indem man negative Gedanken erkennt und alternative Interpretationen sucht, positive Emotionen übt und kognitiv-verhaltenstherapeutische Techniken anwendet, kann man lernen, seine Gedanken und Sichtweise zu verändern und dadurch ein besseres emotionales Wohlbefinden zu erreichen.

ERKENNEN UND VERÄNDERN VON DENKMUSTERN

Denkmuster beziehen sich auf die Art und Weise, wie wir über uns selbst, andere Menschen und die Welt um uns herum denken. Diese Muster beeinflussen unsere Emotionen, Entscheidungen und Handlungen. Manche Denkmuster können jedoch unproduktiv oder sogar schädlich sein und dazu beitragen, dass wir uns gestresst, ängstlich oder deprimiert fühlen.

Um ein gesünderes und ausgeglicheneres emotionales Wohlbefinden zu erreichen, ist es wichtig, die eigenen Denkmuster zu erkennen und zu verändern. Hier sind einige Schritte, die bei diesem Prozess helfen können:

Bewusstwerdung: Der erste Schritt bei der Veränderung von Denkmustern besteht darin, sich bewusst darüber zu werden, wie man denkt und fühlt. Hierbei kann es hilfreich sein, sich täglich Zeit zu nehmen, um in sich hineinzuhorchen und zu reflektieren, welche Gedanken und Emotionen man hat.

Überprüfung der Denkmuster: Nachdem man sich bewusst gemacht hat, wie man denkt, kann man seine Denkmuster überprüfen. Hierbei kann es hilfreich sein, sich Fragen zu stellen wie "Ist dieser Gedanke wahr?" oder "Ist dieser Gedanke hilfreich für mich?"

Veränderung unproduktiver Denkmuster: Wenn man unproduktive oder schädliche Denkmuster erkannt hat, kann man sie durch produktivere oder gesündere Muster ersetzen. Hierbei kann es hilfreich sein, sich positive Affirmationen zu sagen oder andere positive Überzeugungen zu entwickeln.

Übung macht den Meister: Es ist wichtig zu beachten, dass die Veränderung von Denkmustern Übung und Zeit erfordert. Es kann eine Herausforderung sein, alte Muster abzulegen und neue Muster zu entwickeln, aber mit der Zeit wird es immer einfacher werden.

Bewerten Sie sich nicht: Es ist wichtig, sich selbst nicht zu bewerten oder zu verurteilen, wenn man merkt, dass man unproduktive Denkmuster hat. Stattdessen sollte man sich selbst unterstützen und motivieren, sich zu verändern und zu wachsen.

Ein weiterer wichtiger Aspekt bei der Veränderung von Denkmustern ist, sich auf das **Hier und Jetzt zu konzentrieren** und nicht in der Vergangenheit oder Zukunft zu verweilen. Es kann hilfreich sein, sich auf den Moment zu konzentrieren und auf positive und produktive Gedanken zu achten.

Es ist auch wichtig, sich umzugewöhnen, **negative Selbstgespräche zu vermeiden und stattdessen positive und unterstützende Überzeugungen zu entwickeln.** Dies kann dazu beitragen, dass man sich besser fühlt und eine positivere Einstellung hat.

Ein weiterer Ansatz bei der Veränderung von Denkmustern kann die **Verwendung von Techniken wie Visualisierung und positive Affirmationen** sein. Diese Techniken können dazu beitragen, eine positivere Einstellung und ein besseres Selbstbewusstsein zu entwickeln.

Es kann auch hilfreich sein, **professionelle Hilfe** in Anspruch zu nehmen, wenn man Schwierigkeiten hat, seine Denkmuster zu verändern. Ein Therapeut oder Coach kann einem dabei helfen, tiefer in seine Denkmuster einzudringen und sie auf produktivere und gesündere Art zu verändern.

Zusammenfassend kann man sagen, dass das Erkennen und Verändern von Denkmustern ein wichtiger Teil eines gesünderen und ausgeglicheneren emotionalen Wohlbefindens ist. Mit den oben beschriebenen Schritten, Übung und Unterstützung kann man seine Denkmuster verändern und eine positivere Einstellung und besseres Selbstbewusstsein entwickeln.

DIE BEDEUTUNG VON SELBSTAKZEPTANZ UND SELBSTWERTGEFÜHL

Selbstakzeptanz und Selbstwertgefühl sind zwei wichtige Aspekte unserer emotionalen Gesundheit und Wohlbefinden. Sie beeinflussen, wie wir uns selbst sehen und wie wir mit anderen und der Welt um uns herum interagieren.

Selbstakzeptanz bezieht sich auf unsere Fähigkeit, uns selbst so zu akzeptieren, wie wir sind, mit all unseren Stärken und Schwächen. Es geht darum, ein realistisches und positives Bild von uns selbst zu haben und uns nicht ständig zu bewerten oder zu verurteilen.

Selbstwertgefühl hingegen bezieht sich auf das Gefühl, dass wir uns selbst wertvoll und wertschätzend finden. Es geht um das Vertrauen in unsere Fähigkeiten und Entscheidungen und darum, dass wir uns selbst als gleichberechtigte und wertvolle Personen sehen.

Eine hohe Selbstakzeptanz und ein gutes Selbstwertgefühl können dazu beitragen, dass wir uns besser und zufriedener fühlen, uns selbstbewusster verhalten und produktiver arbeiten. Eine niedrige Selbstakzeptanz und ein schlechtes Selbstwertgefühl hingegen können dazu führen, dass wir uns unsicher und unzufrieden fühlen, uns selbst kritisch bewerten und negative Emotionen wie Angst und Depression erleben.

Um unsere Selbstakzeptanz und unser Selbstwertgefühl zu verbessern, können wir uns auf positive Selbstgespräche und -affirmationen konzentrieren, uns Zeit für unsere Interessen und Hobbys nehmen und uns um unsere körperliche und geistige Gesundheit kümmern. Es kann auch hilfreich sein, sich professionelle Unterstützung von Therapeuten oder Beratern zu suchen, die uns helfen können, unser Selbstbild zu verbessern und ein positives Selbstwertgefühl aufzubauen.

Letztendlich ist es wichtig zu erkennen, dass Selbstakzeptanz und Selbstwertgefühl ein ständiger Prozess sind und dass es okay ist, Fehler zu machen und sich weiterzuentwickeln. Indem wir uns selbst akzeptieren und wertschätzen, können wir unser Leben bereichern und uns selbst und anderen gegenüber positiv einstellen. Es geht darum, eine gesunde Beziehung zu uns selbst aufzubauen und uns die Zeit und den Raum zu geben, die wir brauchen, um uns weiterzuentwickeln und zu wachsen. Durch die Übung von Selbstakzeptanz und Selbstwertgefühl können wir ein erfüllteres und glücklicheres Leben führen.

Konkrete Übungen und Tipps zur Selbstakzeptanz und Selbstwertgefühl wären:

Positive Selbstgespräche und Affirmationen: Übe täglich positive Selbstgespräche und Affirmationen, indem du dich auf deine Stärken und Erfolge konzentrierst und dich selbst motivierst.

Gratitude-Journaling: Schreibe täglich in ein Dankbarkeits-Tagebuch, was du an dir selbst schätzt und wofür du dankbar bist.

Aktivitäten, die dich glücklich machen: Verbringe Zeit mit Aktivitäten, die dich glücklich und erfüllt machen, wie z.B. Sport, Lesen, Malen usw.

Verbringe Zeit in der Natur: Verbringe Zeit im Freien und genieße die Schönheit der Natur, um dich besser mit dir selbst und dem Universum zu verbinden.

Vermeide kritische Selbstgespräche: Übe dich darin, kritische Selbstgespräche zu vermeiden und sie durch positive, akzeptierende Gedanken zu ersetzen.

Übe dich in Selbstakzeptanz-Meditationen: Übe Meditationen, die dich darin unterstützen, dich selbst zu akzeptieren und zu lieben, wie du bist.

Suche professionelle Unterstützung: Überlege dir, professionelle Unterstützung von Therapeuten oder Beratern in Anspruch zu nehmen, um deine Selbstakzeptanz und dein Selbstwertgefühl zu verbessern.

Lebe authentisch: Verbringe Zeit damit, deine wahren Wünsche, Bedürfnisse und Interessen zu erkunden und zu leben, um dich besser mit dir selbst zu verbinden.

SOZIALE UNTERSTÜTZUNG UND PROFESSIONELLE HILFE

Soziale Unterstützung und professionelle Hilfe können wichtige Ressourcen sein, wenn es darum geht, unsere emotionalen Herausforderungen zu meistern und unser Wohlbefinden zu verbessern.

Soziale Unterstützung bezieht sich auf das Gefühl, dass wir von Freunden, Familienmitgliedern und anderen Menschen in unserem Leben unterstützt und geliebt werden. Diese Beziehungen können uns helfen, uns besser zu fühlen, uns motivieren und uns auf unserem Weg unterstützen. Um unsere soziale Unterstützung zu stärken, können wir uns Zeit für Freunde und Familie nehmen, uns in sozialen Gruppen engagieren und uns um neue Beziehungen bemühen.

Professionelle Hilfe bezieht sich auf die Unterstützung, die wir von professionellen Helfern wie Psychologen, Therapeuten, Ärzten und Beratern erhalten können. Diese Fachleute können uns bei der Bewältigung von emotionalen Herausforderungen, bei der Verbesserung unseres Wohlbefindens und bei der Entwicklung von Fähigkeiten zur emotionalen Regulation unterstützen.

Es ist wichtig zu beachten, dass professionelle Hilfe nicht nur für Menschen mit schweren emotionalen Problemen gedacht ist, sondern auch für jeden, der sich besser fühlen und sein Leben verbessern möchte. Die Entscheidung, professionelle Hilfe in Anspruch zu nehmen, ist ein wichtiger Schritt auf dem Weg zu einem besseren Leben.

Letztendlich kann die Kombination aus sozialer Unterstützung und professioneller Hilfe ein wirksames Mittel sein, um unsere emotionalen Herausforderungen zu meistern und unser Wohlbefinden zu verbessern. Indem wir uns um unsere sozialen Beziehungen kümmern und bereit sind, professionelle Hilfe in Anspruch zu nehmen, wenn wir sie brauchen, können wir uns auf unserem Weg zu einem besseren Leben unterstützen.

LANGFRISTIGE VERÄNDERUNGEN: WIE MAN GESUNDE GEWOHNHEITEN ENTWICKELT

In Kapitel 12 geht es um das Thema langfristige Veränderungen und wie wir gesunde Gewohnheiten entwickeln können, um unsere emotionalen Herausforderungen zu bewältigen und unser Wohlbefinden zu verbessern.

Eine der wichtigsten Erkenntnisse im Bereich der emotionalen Gesundheit ist, dass **Veränderungen, die auf lange Sicht beibehalten werden, am effektivsten sind**. Um langfristige Veränderungen zu erreichen, ist es wichtig, gesunde Gewohnheiten zu entwickeln und diese in unseren Alltag zu integrieren.

Ein wichtiger Aspekt bei der Entwicklung gesunder Gewohnheiten ist es, sie **Schritt für Schritt** einzuführen. Wenn wir uns auf einmal zu viele neue Veränderungen auferlegen, kann das überwältigend sein und dazu führen, dass wir aufgeben. Stattdessen sollten wir uns auf eine Handvoll Veränderungen konzentrieren und diese kontinuierlich über einen längeren Zeitraum umsetzen, bis sie zur Gewohnheit geworden sind.

Ein weiterer wichtiger Faktor bei der Entwicklung gesunder Gewohnheiten ist eine **positive Einstellung und eine motivierende Mentalität**. Wir sollten uns darüber im Klaren sein, dass Veränderungen Zeit brauchen und dass Rückschläge normal sind. Wenn wir jedoch positiv bleiben und uns motivieren, können wir auch in schwierigen Zeiten weitermachen.

Um gesunde Gewohnheiten zu entwickeln, ist es auch wichtig, eine **Routine** zu schaffen und Verantwortung für uns selbst zu übernehmen. Dies kann bedeuten, bestimmte Aktivitäten jeden Tag zu planen, wie zum Beispiel regelmäßige Bewegung, Entspannungsübungen oder Meditation. Es kann auch bedeuten, uns selbst eine bestimmte Zeit für Self-Care zu geben und Prioritäten im Leben zu setzen, die uns wichtig sind.

Letztendlich ist es wichtig zu erkennen, dass **Veränderungen ein Prozess** sind und dass es normal ist, Rückschläge zu erleben. Indem wir uns Zeit für uns selbst nehmen, uns auf positive Veränderungen konzentrieren und uns gegenseitig unterstützen, können wir jedoch erfolgreich gesunde Gewohnheiten entwickeln und langfristige Veränderungen in unserem Leben erreichen.

Ein wichtiger Schlüssel zum Erfolg ist es auch, uns **regelmäßig selbst zu überprüfen** und uns darüber im Klaren zu sein, was funktioniert und was nicht. Wir sollten bereit sein, unsere Strategien zu ändern, wenn sie nicht funktionieren, und uns weiterzubilden, um bessere Ergebnisse zu erzielen.

Um zusammenzufassen, kann die Entwicklung gesunder Gewohnheiten eine Herausforderung sein, aber mit Geduld, positiver Einstellung, Verantwortung und einer Routine können wir erfolgreich langfristige Veränderungen in unserem Leben erreichen. Indem wir uns Zeit für uns selbst nehmen und uns auf positive Veränderungen konzentrieren, können wir unsere emotionalen Herausforderungen überwinden und unser Wohlbefinden verbessern.

UMGANG MIT RÜCKFÄLLEN UND MISSERFOLGEN

In Kapitel 13 werden wir uns mit dem Thema auseinandersetzen, wie wir mit Rückfällen und Misserfolgen umgehen können, die unvermeidbar Teil des Prozesses sind, wenn wir uns um emotionale Stabilität und Wohlbefinden bemühen. Obwohl es wichtig ist, positive Veränderungen anzustreben, kann es vorkommen, dass wir manchmal Rückschläge erleben oder unsere Ziele nicht erreichen. Es ist jedoch wichtig, diese Herausforderungen nicht als Hindernis zu sehen, sondern als Chance zur Weiterentwicklung und Wachstum.

Einer der wichtigsten Schritte bei der Bewältigung von Rückfällen und Misserfolgen ist es, uns **selbst nicht zu verurteilen**. Wir sind oft hart zu uns selbst, wenn wir Fehler machen oder Rückschläge erleben, aber es ist wichtig zu erkennen, dass Fehler und Rückschläge normal sind und Teil des Lernprozesses sind. Statt uns selbst zu verurteilen, sollten wir uns darauf konzentrieren, von unseren Fehlern zu lernen und uns selbst zu motivieren, weiterzumachen.

Ein weiterer wichtiger Schritt bei der Bewältigung von Rückfällen und Misserfolgen ist es, uns **Zeit zum Reflektieren** zu geben. Wir sollten uns fragen, warum wir scheiterten oder zurückfielen, und herausfinden, was wir in Zukunft anders machen können, um erfolgreicher zu sein. Dies kann bedeuten, dass wir uns mit Freunden oder Familienmitgliedern besprechen oder uns professionelle Hilfe suchen, um uns bei der Reflexion und Lösungsfindung zu unterstützen.

Es ist auch wichtig, **realistische Erwartungen** zu haben und uns darüber im

Klaren zu sein, dass **Veränderungen Zeit brauchen**. Wir sollten uns nicht entmutigen lassen, wenn wir nicht sofort Erfolg haben, sondern uns stattdessen auf den Prozess konzentrieren und uns auf unsere Fortschritte und Erfolge konzentrieren.

Ein weiterer wichtiger Schritt bei der Bewältigung von Rückfällen und Misserfolgen ist es, uns um **Unterstützung** zu bemühen. Dies kann bedeuten, dass wir Freunde oder Familienmitglieder um Hilfe bitten, aber auch, dass wir uns an Selbsthilfegruppen oder Therapeuten wenden. Es ist wichtig, dass wir uns nicht allein mit unseren Herausforderungen auseinandersetzen müssen, sondern dass wir Unterstützung und Fürsorge von anderen erfahren können.

Ein weiterer wichtiger Schritt bei der Bewältigung von Rückfällen und Misserfolgen ist es, uns **positive Verhaltensweisen und Aktivitäten** zu suchen, die uns helfen können, uns besser zu fühlen. Dies kann bedeuten, dass wir Sport treiben, unsere Hobbys ausüben oder Freunde treffen, um uns abzulenken und unsere Stimmung zu heben. Es ist wichtig, dass wir uns nicht zurückziehen und in Isolation leben, sondern dass wir uns aktiv um positive Verhaltensweisen und Aktivitäten bemühen.

Schließlich ist es wichtig, dass wir uns **nicht aufgeben**. Rückfälle und Misserfolge können entmutigend sein, aber es ist wichtig, dass wir uns davon nicht unterkriegen lassen und weiterhin an uns und unsere Ziele glauben. Wir sollten uns darauf konzentrieren, unsere Stärken und Fähigkeiten zu nutzen und uns motivieren, weiterzumachen, unabhängig davon, was passiert.

METHODEN ZUR STÄRKUNG DES SELBSTBEWUSSTSEINS UND ERHALTUNG DES FORTSCHRITTS

Ein starkes Selbstbewusstsein und eine positive Einstellung sind wichtige Faktoren für unsere emotionale Stabilität und unser allgemeines Wohlbefinden. Daher ist es wichtig, dass wir uns bemühen, unser Selbstbewusstsein zu stärken und zu erhalten.

Eine Möglichkeit, unser Selbstbewusstsein zu stärken, ist es, uns regelmäßig **positive Affirmationen** zu geben. Positive Affirmationen sind positive Aussagen, die wir uns selbst sagen, um unser Selbstbewusstsein und unsere Selbstwertgefühl zu stärken. Diese Aussagen können sein wie "Ich bin stark" oder "Ich bin wertvoll". Indem wir uns täglich positive Affirmationen geben, können wir unser Selbstbewusstsein und unsere Einstellung verbessern.

Eine weitere Möglichkeit, unser Selbstbewusstsein zu stärken, ist es, uns mit **positiven Menschen** zu umgeben. Menschen, die uns unterstützen und ermutigen, können dazu beitragen, unser Selbstbewusstsein und unsere Einstellung zu verbessern. Wir sollten uns bemühen, Zeit mit Menschen zu verbringen, die uns inspirieren und uns dabei unterstützen, uns selbst zu verbessern.

Eine weitere Möglichkeit, unser Selbstbewusstsein zu stärken, ist es, **uns selbst zu akzeptieren**. Akzeptanz von uns selbst ist ein wichtiger Faktor für ein starkes Selbstbewusstsein und eine positive Einstellung. Indem wir uns selbst akzeptieren, können wir lernen, uns selbst zu lieben und uns so unsere Stärken und Schwächen bewusst zu machen.

Um unseren Fortschritt zu erhalten, ist es wichtig, dass wir uns regelmäßig **Zeit zur Reflexion** nehmen. Indem wir uns Zeit nehmen, um über unsere Gedanken und Gefühle nachzudenken, können wir erkennen, wie weit wir gekommen sind und was wir in Zukunft verbessern können. Dies kann auch dazu beitragen, uns motiviert und auf dem richtigen Weg zu halten.

Eine weitere Möglichkeit, unseren Fortschritt zu erhalten, ist es, uns **Ziele zu setzen**. Indem wir uns klare und erreichbare Ziele setzen, können wir uns auf unsere Fortschritte konzentrieren und uns motiviert halten, um weiterzumachen. Es ist wichtig, dass wir uns realistische Ziele setzen und uns nicht zu hart beurteilen, wenn wir nicht sofort erfolgreich sind.

Eine weitere wichtige Methode, um unseren Fortschritt zu erhalten, ist es, uns regelmäßig **selbst zu belohnen**. Indem wir uns für unsere Leistungen und Fortschritte belohnen, können wir uns motiviert und auf dem richtigen Weg halten. Es ist wichtig, dass wir uns nicht zu hart beurteilen und uns selbst erlauben, Fehler zu machen und zu lernen.

Schließlich ist es wichtig, dass wir uns regelmäßig **Zeit für uns selbst nehmen**. Indem wir uns Zeit für Entspannung und Regeneration gönnen, können wir uns erfrischt und bereit für neue Herausforderungen fühlen. Es ist wichtig, dass wir uns selbst Zeit für unsere Hobbys und Interessen gönnen, um uns selbst zu unterstützen und zu motivieren.

In Zusammenfassung gibt es viele Möglichkeiten, unser Selbstbewusstsein zu stärken und unseren Fortschritt zu erhalten. Indem wir uns positive Affirmationen geben, uns mit positiven Menschen umgeben, uns selbst akzeptieren, regelmäßig Zeit zur Reflexion nehmen, uns Ziele setzen, uns selbst belohnen und uns Zeit für uns selbst nehmen, können wir unser

Selbstbewusstsein stärken und unseren Fortschritt erhalten. Es ist wichtig, dass wir uns selbst unterstützen und motivieren, um eine positive Einstellung und ein starkes Selbstbewusstsein zu erreichen.

45

FAZIT UND ZUSAMMENFASSUNG DER WICHTIGSTEN STRATEGIEN

Das Kapitel 15 "Fazit und Zusammenfassung der wichtigsten Strategien" bietet eine praktische Zusammenfassung der wichtigsten Informationen und Strategien gegen Zwangsgedanken. In den vorherigen Kapiteln wurden Zwangsgedanken und ihre Auswirkungen auf das tägliche Leben ausführlich besprochen und es wurden verschiedene Techniken vorgestellt, um sie zu bekämpfen.

Um Zwangsgedanken erfolgreich zu bekämpfen, ist es wichtig, negative Gedanken zu erkennen und mit positiven zu ersetzen. Konstruktive Kognition, also das Verändern von negativen Gedanken in positive, kann hierbei hilfreich sein. Weiterhin ist es von Bedeutung, dass man sich Zeit für Entspannung und Stressbewältigung nimmt und Meditation und Achtsamkeit als Werkzeuge gegen Zwangsgedanken einsetzt.

Es ist auch von großer Bedeutung, die Bedeutung von Selbstakzeptanz und Selbstwertgefühl zu verstehen und zu stärken. Soziale Unterstützung und professionelle Hilfe können ebenfalls wertvolle Ressourcen sein. Durch die Entwicklung gesunder Gewohnheiten und die Stärkung des Selbstbewusstseins kann man langfristige Veränderungen erreichen.

Es ist wichtig, mit Rückfällen und Misserfolgen umzugehen und sich selbst zu motivieren. Mit Geduld, Durchhaltevermögen und Engagement kann man jedoch lernen, negative Gedanken loszulassen und seine Gedanken und Emotionen zu kontrollieren.

Das Fazit lautet, dass es möglich ist, Zwangsgedanken zu überwinden und ein erfüllteres Leben zu führen. Durch die Anwendung der beschriebenen Strategien kann man seine Gedanken und Emotionen besser kontrollieren und lernen, negative Gedanken loszulassen. Es ist jedoch wichtig, geduldig und engagiert zu bleiben, um langfristige Veränderungen zu erreichen.